Alexander Mösinger

# Spam-Filter - Mechanismen und Algorithmen, Chancen und Gefahren

## Einführung Spambekämpfung

Bachelor + Master Publishing

**Mösinger, Alexander: Spam-Filter - Mechanismen und Algorithmen, Chancen und Gefahren: Einführung Spambekämpfung, Hamburg, Bachelor + Master Publishing 2013**
Originaltitel der Abschlussarbeit: Spam-Filter - Mechanismen und Algorithmen, Chancen und Gefahren: Einführung Spambekämpfung

Buch-ISBN: 978-3-95549-277-9
PDF-eBook-ISBN: 978-3-95549-777-4
Druck/Herstellung: Bachelor + Master Publishing, Hamburg, 2013
Zugl. Fachhochschule Kufstein, Kufstein / Tirol, Österreich, Bachelorarbeit, 2013

**Bibliografische Information der Deutschen Nationalbibliothek:**
Die Deutsche Nationalbibliothek verzeichnet diese Publikation in der Deutschen Nationalbibliografie; detaillierte bibliografische Daten sind im Internet über http://dnb.d-nb.de abrufbar.

Das Werk einschließlich aller seiner Teile ist urheberrechtlich geschützt. Jede Verwertung außerhalb der Grenzen des Urheberrechtsgesetzes ist ohne Zustimmung des Verlages unzulässig und strafbar. Dies gilt insbesondere für Vervielfältigungen, Übersetzungen, Mikroverfilmungen und die Einspeicherung und Bearbeitung in elektronischen Systemen.

Die Wiedergabe von Gebrauchsnamen, Handelsnamen, Warenbezeichnungen usw. in diesem Werk berechtigt auch ohne besondere Kennzeichnung nicht zu der Annahme, dass solche Namen im Sinne der Warenzeichen- und Markenschutz-Gesetzgebung als frei zu betrachten wären und daher von jedermann benutzt werden dürften.

Die Informationen in diesem Werk wurden mit Sorgfalt erarbeitet. Dennoch können Fehler nicht vollständig ausgeschlossen werden und die Diplomica Verlag GmbH, die Autoren oder Übersetzer übernehmen keine juristische Verantwortung oder irgendeine Haftung für evtl. verbliebene fehlerhafte Angaben und deren Folgen.

Alle Rechte vorbehalten

© Bachelor + Master Publishing, Imprint der Diplomica Verlag GmbH
Hermannstal 119k, 22119 Hamburg
http://www.diplomica-verlag.de, Hamburg 2013
Printed in Germany

# Inhaltsverzeichnis

**1 Einleitung**   **1**
   1.1 Gliederung . . . . . . . . . . . . . . . . . . . . . . . . . . . . . 2
   1.2 Ziel . . . . . . . . . . . . . . . . . . . . . . . . . . . . . . . . . 2
   1.3 Stand der Forschung . . . . . . . . . . . . . . . . . . . . . . . . 3

**2 Grundlagen**   **4**
   2.1 E-Mail . . . . . . . . . . . . . . . . . . . . . . . . . . . . . . . . 4
   2.2 Aufbau einer E-Mail . . . . . . . . . . . . . . . . . . . . . . . . 4
   2.3 E-Mail-Übertragung im Internet . . . . . . . . . . . . . . . . . . 6
      2.3.1 Funktionsweise von SMTP . . . . . . . . . . . . . . . . . 6
      2.3.2 Funktionsweise von POP3 . . . . . . . . . . . . . . . . . 9
      2.3.3 Funktionsweise von IMAP . . . . . . . . . . . . . . . . . 10
   2.4 Spam . . . . . . . . . . . . . . . . . . . . . . . . . . . . . . . . . 10
      2.4.1 Begriffsursprung . . . . . . . . . . . . . . . . . . . . . . 11
      2.4.2 Auswirkungen von Spam . . . . . . . . . . . . . . . . . . 12
   2.5 Entstehungsgeschichte . . . . . . . . . . . . . . . . . . . . . . . 12
      2.5.1 Card Lottery . . . . . . . . . . . . . . . . . . . . . . . . 13
      2.5.2 Die erste Spamware . . . . . . . . . . . . . . . . . . . . 13

**3 Anti-Spam Techniken**   **15**
   3.1 Absendervalidierung . . . . . . . . . . . . . . . . . . . . . . . . 15
   3.2 Filtern mit Listen . . . . . . . . . . . . . . . . . . . . . . . . . . 15
      3.2.1 Blacklisting . . . . . . . . . . . . . . . . . . . . . . . . . 16
      3.2.2 Whitelisting . . . . . . . . . . . . . . . . . . . . . . . . 16
      3.2.3 Greylisting oder Challange-Response-Verfahren . . . . . . 16
      3.2.4 Dynamische Adressen . . . . . . . . . . . . . . . . . . . 17
      3.2.5 Open Relay . . . . . . . . . . . . . . . . . . . . . . . . . 17
      3.2.6 Gemeldete Absender . . . . . . . . . . . . . . . . . . . . 17
   3.3 Filtern mit Algorithmen . . . . . . . . . . . . . . . . . . . . . . . 18
      3.3.1 Artificial Neural Network - ANN . . . . . . . . . . . . . . 18
      3.3.2 Naiver Bayes Algorithmus . . . . . . . . . . . . . . . . . 19
      3.3.3 Lazy Algorithmen . . . . . . . . . . . . . . . . . . . . . 21

## 4 Evaluierung — 22
- 4.1 Test Corpora — 22
- 4.2 TREC — 23
- 4.3 Evaluierung von Cormack und Lynam — 23
  - 4.3.1 Getestete Methoden — 24
  - 4.3.2 Fazit der Studie — 25
  - 4.3.3 Kritik — 26

## 5 Zusammenfassung — 27
- 5.1 Schlussfolgerung — 27
- 5.2 Exkurs — 28

# Tabellenverzeichnis

| | | |
|---|---|---:|
| 2.1 | Befehlssatz Telnet SMTP | 7 |
| 2.2 | Kommandos POP3 | 9 |
| 4.1 | ROC-Kurve | 25 |

# Abbildungsverzeichnis

| | | |
|---|---|---:|
| 1.1 | Spam-Aufkommen Oktober und November 2012. (Quelle: Eleven Research) | 1 |
| 2.1 | Aufbau einer E-Mail. Der Aufbau und die Reihenfolge ist in RFC 2822 festgelegt. (de.wikipedia.org) | 5 |
| 2.2 | E-Mail-Übertragung. (eigene Abb.) | 6 |
| 2.3 | SMTP Handshake. (eigene Abb.) | 8 |
| 3.1 | Schematischer Aufbau eines ANN. (eigene Abb.) | 19 |
| 3.2 | Schematischer Ablauf in einem Bayes-Filter. (eigene Abb.) | 20 |
| 3.3 | Beispiel Kstar Algorithmus. (eigene Abb.) | 21 |
| 4.1 | ROC-Kurve der Ergebnisse (Quelle: Online Supervised Spam Filter Evaluation, Cormack) | 25 |

# Abkürzungsverzeichnis

| *Abkürzung* | *Beschreibung* |
|:---:|:---:|
| ANN | Artificial Neural Network |
| ARPANET | Advanced Research Projects Agency Network |
| DNS | Domain Name System |
| E-Mail | Electronic Mail |
| HTTP | Hypertext Transfer Protocol |
| IMAP | Internet Message Access Protocol |
| IP | Internet Protocol |
| K* | KStar |
| MDA | Mail Delivery Agent |
| MTA | Mail Transfer Agent |
| MUA | Mail User Agent |
| POP3 | Post Office Protocol Version 3 |
| SPAM | Spiced Ham |
| SMTP | Simple Mail Transfer Protocol |
| UBE | Unsolicited Bulk E-Mail |
| UCE | Unsolicited Commercial E-Mail |

# Kurzfassung

Diese Bachelorarbeit soll als Hilfestellung zum Thema Spam und Spam-Bekämpfung fungieren. Es ist beabsichtigt, dass diese Arbeit Grundkenntnisse vermittelt, um die Infrastruktur in z.B. kleinen und mittleren Unternehmen vor Spam zu schützen.

In dieser Arbeit werden Grundkenntnisse zum Thema Spam und E-Mail-Verkehr im Internet vermittelt. Des Weiteren werden Einblicke in unterschiedliche Konzepte zur Spam-Bekämpfung gegeben. Auf die Auswirkungen von Spam und die Wirtschaft wurde ebenfalls eingegangen. Die Methoden werden miteinander Verglichen, mit Hilfe von Studien und einer umfangreichen Recherche werden Aussagen zum Thema Effizienz der einzelnen Methoden getroffen.

In der Schlussfolgerung wird erläutert, dass die Beste Möglichkeit um Spam effizient zu filtern, eine Kombination der vorgestellten Methoden ist. Eine weitere Erkenntnis ist auch, dass man als Zuständiger für den Schutz vor Spam immer über aktuelle Trends informiert sein sollte.

Darüber hinaus werden in einem kurzen Exkurs, am Ende dieser Arbeit, weitere Möglichkeiten zur präventiven Spam-Bekämpfung angeführt.

# Executive Summary

This thesis, with the title *Spam Filters: Mechanics and Algorithms, Chances and Risks*, will serve as a guide on spam and spam control. It is intended that this work will introduce the basics for protecting infrastructure in such as small and medium firms against spam.

In this bachelor thesis a basic knowledge about spam and e-mail traffic on the internet are communicated. Further insights to different approaches of fighting spam are given. The impact of spam on the economy was also discussed. The methods are compared with each other and with the help of studies and extensive research statements on efficiency of each method are made.

It is explained in the conclusion that the best way to filter spam effectively, is a combination of the mentioned methods. Another realization is that one who is responsible for spam protection, should always be informed about current trends.

Moreover, in a short excursion at the end of this thesis, some opportunities for preventive spam countering are adduced.

# 1 Einleitung

Die E-Mail ist bis heute der wichtigste und am meisten genutzte Kommunikationsdienst im World Wide Web. Bis Ende des Jahres 2012 rechnete man mit etwa 3,3 Milliarden aktiven E-Mail Konten weltweit.[1] Doch nicht nur die Anzahl von E-Mail-Konten stieg seit dem Versenden der ersten E-Mail 1971 durch Ray Tomlinson, der als *Erfinder* der E-Mail gilt.[2] Auch die Zahl von unerwünschten Nachrichten, wie z.B. Spam, sind in den letzten Jahrzehnten weiter gestiegen. Wie in Abbildung 1.1 zu

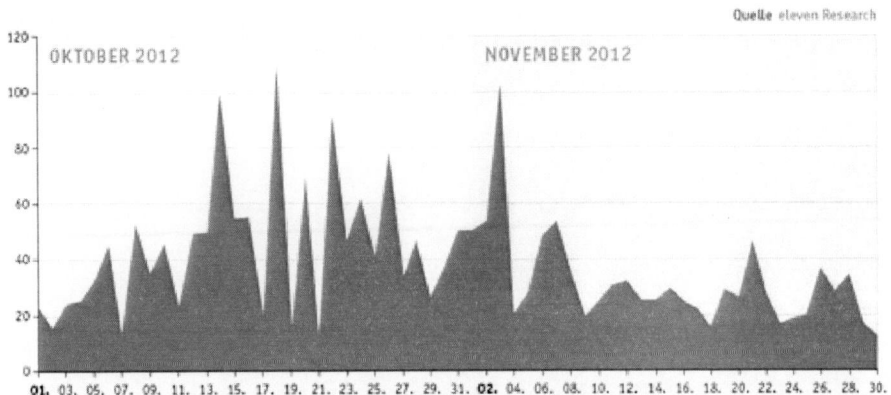

*Abbildung 1.1:* Spam-Aufkommen Oktober und November 2012. (Quelle: Eleven Research)

erkennen ist, so ist der Spamanteil aller weltweit versendeten E-Mails schwankend, jedoch bleibt der Spamanteil durchschnittlich bei 25%. Durch die Entwicklung neuer Filtermethoden und effektiverer Algorithmen, kann Spam immer besser aus dem E-Mailverkehr gezogen werden.

Für kleine bzw. mittlere Unternehmen stellt sich die Frage, welche Möglichkeiten

---

[1] vgl. Radicati, 2012, S.2
[2] vgl. Tomlinson, 2013

zur Filterung von Spam derzeit verfügbar sind und wie hoch die Chancen sind, die eigenen Mail-Boxen vor den Spamfluten zu schützen. Spamfilter kontrollieren eingehende E-Mails auf Merkmale typischer Spam-Mitteilungen. Sie sind jedoch nur so gut, wie die Filtermechanik, die zum Einsatz kommt. Durch eine Einführung in diese Thematik und durch Vergleiche der unterschiedlichen Mechaniken, soll ermöglicht werden eine grundlegende Aussage über die Effizienz von Anti-Spam-Methoden zu tätigen.

## 1.1 Gliederung

In dieser Arbeit werden im ersten Teil Grundbegriffe rund um das Thema *Spam* und *E-Mail* erklärt. Nach einer kurzen Darlegung der Spam-Problematik, folgt eine Auflistung und Einführung der gängigsten Anti-Spam-Mechanismen und Algorithmen, die in Spamfilter zum Einsatz kommen.
Die dadurch gewonnenen Erkenntnisse und Ergebnisse der Vergleiche werden im vierten Teil der Arbeit aufbereitet und veranschaulicht. Zum Schluss werden die gesammelten Erkenntnisse in Form eines Fazits erläutert.

## 1.2 Ziel

Es soll gezeigt werden, wie wirkungsvoll unterschiedliche Anti-Spam Lösungen arbeiten und wie sie sich technisch voneinander unterscheiden. Dadurch lassen sich die unterschiedlichen Mechanismen identifizieren, die sinnvoll bis sogar unverzichtbar zur Spambekämpfung sind. Durch das Ziel lässt sich die folgende Forschungsfragen ableiten:
Welche Anti-Spam Lösungen gibt es derzeit auf dem Markt und wie unterscheiden sie sich in ihrer Methodik bzw. in ihrer Effektivität der Spambekämpfung? Welche Methoden versprechen den bestmöglichen Schutz vor Spam?

## 1.3 Stand der Forschung

Zum heutigen Zeitpunkt ist die Forschung hinsichtlich der Entwicklung von Spam erkennenden Methoden recht weit fortgeschritten. Wie in dieser Arbeit dargestellt, basieren die meisten Spamfilter auf autodidaktischen Algorithmen, die selbstständig Spam erkennen. Eine Abwanderung von Spam im E-Mailverkehr hin zu den Sozialen Plattformen, wie Facebook[3] und Twitter[4], ist aber deutlich zu erkennen.[5] Dadurch ergeben sich neue Möglichkeiten für Spammer, wie z.B. die Nutzung von Apps und der *Folgen*-Funktion auf Twitter.

Durch diese Tatsache verlagert sich das Spammen auf diesen Bereich und die Weiterentwicklung der Spam-Bekämpfung im E-Mailverkehr scheint ihren Höhepunkt bereits überschritten zu haben.[6]

---

[3] Facebook ist ein kommerzielles, soziales Netzwerk
[4] Twitter ist ein soziales Echtzeit-Informationsnetzwerk
[5] vgl. Stringhini et al., 2010
[6] vgl. Potdar et al., 2012

# 2 Grundlagen

## 2.1 E-Mail

Im Allgemeinen ist eine E-Mail (Electronic Mail) eine in Computernetzwerken auf elektronischem Weg übermittelte Nachricht. Im Jahre 1982 wurde im RFC 822 das Versenden von Textnachrichten innerhalb des ARPANET (Advanced Research Projects Agency Network), dem Vorläufer des Internets, erstmals spezifiziert.[1] Im Laufe der Jahre und des stetigen Wachstums der Computernetzwerke wurde auch der E-Mail Standard um zahlreiche Funktionen erweitert. Die Möglichkeit Anhänge beliebiger Datei-Typen und z.B. HTML-E-Mails zu versenden ist in der RFC 2822 von 2001 festgehalten.[2]
RFC 5322, das RFC 822 und RFC 2822 ersetzt und zusammenfasst, spezifiziert den derzeitigen Standard des Internet Message Format bzw. der E-Mail.[3]

## 2.2 Aufbau einer E-Mail

Die E-Mail ist im Wesentlichen in Kopf (engl.: header), Inhalt (engl.: body) und Unterschrift (engl.: signature) gliederbar. Wie aus dem Beispiel in Abbildung 2.1 auf Seite 5[4] hervorgeht, besteht eine E-Mail, aus einer Vielzahl an Informationen.

---

[1] vgl. Mockapetris, 1983
[2] vgl. Resnick, 2001
[3] vgl. Resnick, 2008
[4] vgl. wik, 2013

| | |
|---|---|
| From alex@mailgate.exam.ple Mon Dec 4 17:02:25 2006 | Envelope Sender |
| Received: (qmail 12345 invoked by alias); Mon, 04 Dec 2006 13:51:40 +0000<br>Received: by server1 (Postfix, from userid 1000)<br>    id D344F45681; Mon, 4 Dec 2006 14:51:39 +0100 (CET) | Mehrere „Received"-Zeilen zeigen den Weg, den die E-Mail vom Sender zum Empfänger genommen hat. Jeder Server, der die Mail weiterleitet, fügt seine Kennung und das Datum am Anfang der E-Mail hinzu. |
| Date: Mon, 4 Dec 2006 15:51:37 +0100 | Absendedatum |
| Subject: Der Sinn des Lebens | Betreff der E-Mail |
| Message-ID: <434571BC.8070702@example.net> | Eindeutige Zeichenfolge, die diese E-Mail identifiziert |
| From: Alex Absender <alex@example.net> | Absender |
| To: Erwin Empfaenger <erwin@example.com> | Empfänger |
| Cc: ErwinsSekretariat <sekretariat@example.com> | Empfänger einer Kopie der E-Mail |
| Content-Type: text/plain; charset=ISO-8859-1 | Art und Zeichensatz des Body-Text |
| In-Reply-To: <134535224@example.com> | Diese E-Mail ist eine Antwort auf die E-Mail mit dieser Message-ID |
| | Die erste Leerzeile trennt die Kopfzeilen vom Nachrichtentext |
| Hallo Erwin,<br><br>wir müssen einen Termin vereinbaren.<br><br>Bis dann,<br>Alex | Inhalt („message body") |

*Abbildung 2.1:* Aufbau einer E-Mail.
Der Aufbau und die Reihenfolge ist in RFC 2822 festgelegt. (de.wikipedia.org)

Der Nutzer sieht nur einen kleinen Teil dieser Informationen, da die meisten E-Mail-Programme nur das Wesentliche anzeigen (blau hinterlegt). Die Header-Informationen (orange hinterlegt) sind in der Regel ausgeblendet, können aber optional angezeigt werden, was aber wiederum vom Funktionsumfang des E-Mail-Programms abhängt. Der Inhalt (grau hinterlegt) beinhaltet die eigentlichen Informationen der Nachricht. Bemerkenswert ist, dass die erste Zeile, der s.g. Briefumschlag-Sender (engl.: envelope sender) kein Teil des Headers ist. Der Envelope Sender beinhaltet die E-Mail-Adresse des Absenders und den Zeitpunkt des Absendens und wird während des SMTP-Handshakes (Simple Mail Transfer Protocol)[5] als Parameter übermittelt. Erst wenn die E-Mail im mbox-Format[6] gespeichert wird, so steht der

---

[5] vgl. Klensin, 2008
[6] vgl. Hall, 2005

Envelope Sender in der ersten Zeile.

## 2.3 E-Mail-Übertragung im Internet

Für das Übertragen von Nachrichten sind sogenannte Mailserver innerhalb eines Netzwerkes verantwortlich. Die direkte Kommunikation zwischen den Mailservern übernehmen Agenten (engl.: agents). Man unterscheidet zwischen Mail Transfer Agents (MTA) und Mail Delivery Agents (MDA). E-Mail-Programme, mit denen Nutzer E-Mails versenden, werden alternativ als Mail User Agent (MUA) bezeichnet. In Abbildung 2.2 wird die Übertragung von E-Mails im Internet dargestellt.

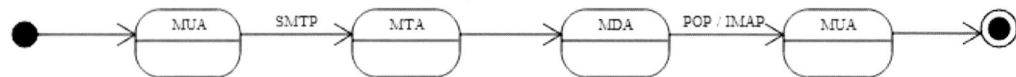

*Abbildung 2.2:* E-Mail-Übertragung. (eigene Abb.)

Der Nutzer schickt mit seinem E-Mail-Programm (MUA) eine E-Mail los. Die Nachricht wird via SMTP zu einem Server übermittelt (MTA). Der Zielserver (MDA) stellt die Nachricht zu bzw. für den Empfänger (MUA) bereit.
Zum Abrufen der E-Mails vom Zielserver existieren verschiedene Verfahren, etwa das POP3- (Post Office Protocol Version 3), IMAP-Protokoll (Internet Message Access Protocol) oder Webmail (z.b. Google Mail). Die genaue Funktionsweise der einzelnen Protokolle ist in den nachfolgenden Unterkapiteln erläutert.

### 2.3.1 Funktionsweise von SMTP

Erst das Simple Mail Transfer Protocol (SMTP) ermöglicht das Versenden von E-Mails. Im Jahre 1982 wurde SMTP erstmals mit RFC 821 standardisiert.[7] SMTP ist ein Protokoll der IP-Familie (Internet Protocol), das zum Versenden und zum Weiterleiten von E-Mails in Computernetzen dient. SMTP findet sich im OSI- bzw.

---

[7] vgl. Postel, 1982

TCP/IP-Referenzmodell in der Anwendungsschicht (engl.: application layer) wieder.[8] Mailserver nehmen SMTP-Verbindungen standardmäßig auf Port 25 entgegen. Da SMTP ein verhältnismäßig altes Protokoll ist, würde zur Benutzung minimal ein Telnet-Client genügen. Telnet ist eines der elementarsten Anwendungsprotokolle, welches die Fernsteuerung eines Rechners im Textmodus ermöglicht. Um die Funktionsweise von SMTP darzustellen kann eine Telnet-Verbindung verwendet werden. Es ist nur ein geringer Befehlssatz zum Versenden von E-Mails via Telnet von nöten. In diesem Beispiel dient der Telnet-Client als MUA. Das Verlaufsprotokoll gibt die

| Befehl | Bedeutung |
|---|---|
| HELO | Client stellt sich vor |
| MAIL FROM: | Absenderadresse |
| RCPT TO: | Empfängeradresse |
| DATA | Leitet den Beginn der Nachricht ein |
| QUIT | Absenden |

*Tabelle 2.1: Minimaler Befehlssatz zum E-Mail-Versand mit Telnet.*

Kommunikation mit den Befehlen aus Tabelle 2.1 zwischen MUA und MTA wieder.

```
1  220 mailserver.domain.com Microsoft ESMTP MAIL Service, Version:
       5.0.2195.5329 ready at  Sat, 22 May 2006 09:01:29 +0200
2  helo myserver.domain.com
3  250 mailserver.domain.com Hello [10.1.11.133]
4  mail from:<myname@mydomain.com>
5  250 2.1.0 myname@mydomain.com.... Sender OK
6  rcpt to:<recipientname@mydomain.com>
7  250 2.1.5 recipientname@mydomain.com
8  data
9  354 Start mail input; end with <CRLF>.<CRLF>
10 subject: This is a test mail
11 to: recipientname@mydomain.com
12 This is the text of my test mail.
13 .
14 250 2.6.0 <exchange.domain.com> Queued mail for delivery
15 quit
```

---

[8] vgl. Braden, 1989

Die Versendung einer E-Mail mittels eines Telnet-Client ist nicht praktikabel. Es stehen keinerlei Unterstützungen, wie zum Beispiel Editieren des Textes, Beifügen von Anhänge, oder Zugriff auf Adressbücher, zur Verfügung. Der Ablauf des SMTP-Handshakes kann aber so, wie in Abbildung 2.3[9], gut veranschaulicht werden.

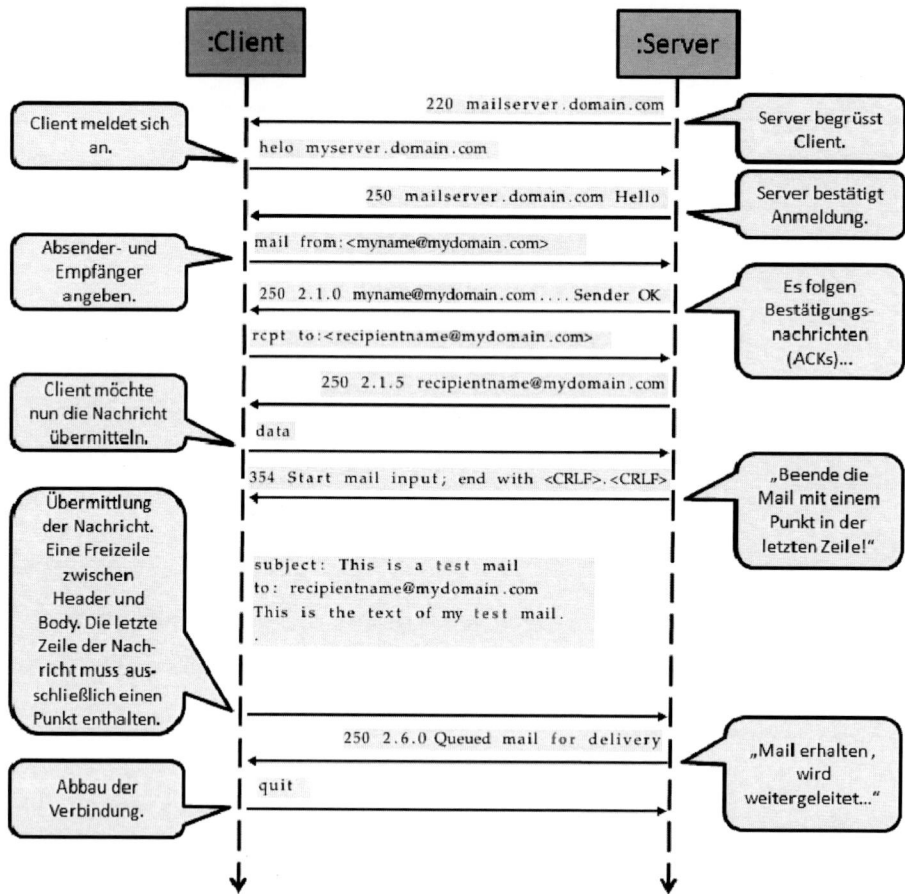

*Abbildung 2.3:* SMTP Handshake. (eigene Abb.)

---

[9]Abb. nach: http://technet.microsoft.com/en-us/library/cc783349(v=ws.10).aspx

## 2.3.2 Funktionsweise von POP3

Das Post Office Protocol in der Version 3[10] ist ein Übertragungsprotokoll, mit dem der MUA E-Mails von einem Mailserver abholen kann. POP3 arbeitet mit der Portnummer 110 und wickelt einen Klartextdialog ab. Auch das Passwort zur Authentifizierung beim Mailserver wird unverschlüsselt in Klartext übermittelt. Das Post Office Protocol 3 ist in der Funktionalität sehr eingeschränkt. Für Zugriffe auf mehrere Mailboxen während einer Sitzung, Vorselektion der E-Mails usw. müssen Protokolle wie IMAP verwendet werden. Die wichtigsten Kommandos zeigt Tabelle 2.2. POP3

| Kommando | Beschreibung |
|---|---|
| USER | Übergibt die Benutzerkennung |
| PASS | Übergibt das Benutzerpasswort |
| APOP | Sichere Anmeldung |
| STATUS | Gibt Status des Postfaches (Anzahl, Größe der Mails) aus |
| LIST | Listet Mails auf |
| RETR | Holt die über Index spezifizierte Mail ab |
| DELE | Markiert die über Index spezifizierte Mail als gelöscht |
| RSET | Macht DELE rückgängig |
| QUIT | Beendet die Verbindung und löscht markierte Mails |

*Tabelle 2.2: Die wichtigsten POP3-Kommandos*

findet sich im OSI- bzw. TCP/IP-Referenzmodell ebenfalls in der Anwendungsschicht wieder [11] und ist in allen verbreiteten E-Mail-Programmen fest integriert. Um E-Mails mittels POP3 von einem Mailserver abzuholen, muss auf dem Server POP3 installiert bzw. aktiviert sein.

Möchte der MUA die E-Mailnachrichten vom zuständigen MDA abholen, so muss als erster Schritt eine Authentifizierung mit Benutzername und Passwort erfolgen. Da diese Daten als Klartext übertragen werden, ermöglicht dies Angreifern den unbemerkten Zugriff auf die Mailbox, was eine signifikante Sicherheitslücke darstellt. Das Kommando APOP, wie in Tabelle 2.2 aufgelistet, ermöglicht eine verschlüsselte Übertragung von Benutzerdaten. Bei Verwendung von APOP wird das Passwort mittels MD5-Verschlüsselung (in Verwendung des Message-Digest Algorithmus)

---

[10] vgl. Myers und Rose, 1996
[11] vgl. Braden, 1989

an den Mailserver übertragen.[12] [13] Der Server sendet am Anfang der Sitzung einen Zeitstempel, aus dem der Mail-Client einen MD5-Hash-Wert errechnet und diesen mit der Authentifizierung zurückgibt. Der Login-Versuch ist erfolgreich, sobald der Mailserver auf dasselbe Ergebnis kommt.[14]

### 2.3.3 Funktionsweise von IMAP

Das Interactive Message Access Protocol in der aktuellen Version 4 stellt eine Art Weiterentwicklung des POP3 dar und ist in RFC 3501 definiert.[15] POP3 ist jedoch nach wie vor weiter verbreitet, da durch IMAP mehr Daten auf dem Server gespeichert werden und parallel die durchschnittliche Übertragungsmenge steigt.[16] Aus diesem Grund deaktivieren einige Provider IMAP, oder verlangen dafür ein höheres Entgelt. Auch IMAP ist in allen verbreiteten E-Mail-Programmen fest integriert und muss auf Mailservern separat installiert bzw. aktiviert werden. Die wichtigsten Eigenschaften von IMAP sind:

- Filterfunktion zum selektiven Abholen von Nachrichten
- Teile von Mails können separat übertragen werden, z.B. nur Anhänge die eine gewisse Größe nicht überschreiten
- hierarchisches Ablageverzeichnis in dem Mails einsortiert werden können

## 2.4 Spam

Um den Terminus *SPAM* genau einordnen zu können, muss zuerst der Oberbegriff UBE (Unsolicited Bulk E-Mail) erläutert werden. Zu Deutsch bedeutet UBE unerwünschte Massen-E-Mails. Diese Art von E-Mails werden an eine Vielzahl von Empfängern gesendet ohne, dass das Einverständnis des Nutzers zu irgend einem Zeitpunkt gegeben ist. In Österreich ist das Versenden von UBE an Unternehmen

---

[12] vgl. Siemborski und Menon-Sen, 2007
[13] vgl. Rivest, 1992
[14] vgl. Siemborski und Menon-Sen, 2007
[15] vgl. Crispin, 2003
[16] vgl. Pukkawanna et al., 2006

oder Behörden erlaubt. Mit Einschränkungen auch an Privatkunden bei bestehenden Kundenbeziehungen, vorausgesetzt, dass weitere Nachrichten abgelehnt werden können. Seit März 2006 ist der Versand von UBE (ohne vorherige Zustimmung des Empfängers) laut Österreichischem Telekommunikationsgesetz § 107 verboten.[17] Eine E-Mail oder ein Anruf, um eine solche Zustimmung einzuholen, erfüllt den Tatbestand.

Eine Teilmenge von UBE ist UCE (Unsolicited Commercial E-Mail). Als UCE bezeichnet man all jene E-Mails, die eine kommerziellen Absicht haben. Für UCE gelten die selben gesetzlichen Bestimmungen wie für UBE. Spam wird in der Regel den UCE zugeordnet, da der Inhalt von typischen Spamnachrichten kommerziell orientiert ist. Das Gegenteil von Spam, also Nicht-Spam-Nachrichten, werden auch gerne als *Ham* bezeichnet.

### 2.4.1 Begriffsursprung

Ursprünglich ist Spam ein eingetragener Markenname für Dosenfleisch der Firma Hormel Foods Corporation[18] aus den Vereinigten Staaten von Amerika. SPAM steht hier für SPiced hAM (gewürzter Schinken). Darum wird Nicht-Spam auch als Ham bezeichnet, da der Begriff Ham echten Schinken von unechten, also Spam, abgrenzen soll. Die Wortspielerei nahm alsbald Einzug in den Wortschatz der Nutzergemeinschaft. Zur Verbreitung des Begriffes Spam trug auch der Britische Komiker Monty Python mit seinem SPAM-Sketch[19] bei: In diesem Sketch musste ein Gast feststellen, dass es ausschließlich Gerichte mit besagtem Dosenfleisch zu bestellen gab. Als er sich beschweren wollte, begann eine Gruppe von Wikingern ein Loblied auf SPAM zu singen und verhinderten dadurch jegliche weitere Form von Kommunikation. Die Assoziation zu unerwünschter bzw. unnützer Kommunikation und dem Kunstwort SPAM lässt sich somit auf diesen Sketch zurückführen.

---

[17] BGBl. I Nr. 70/2003 zuletzt geändert durch BGBl. I Nr. 102/2011
[18] vgl. Hormel Foods Corporation
[19] vgl. Monty Python

## 2.4.2 Auswirkungen von Spam

Spam existiert seit der Entstehung des zivilen ARPANET Ende der 1970-er Jahre[20] und spielt bis dato immer noch ein wichtige Rolle im World Wide Web.[21] Gäbe es keine Methoden zur Filterung und Aufdeckung, würden unsere E-Mail-Postfächer täglich überquellen. Trotz leichtem Rückgang des Gesamtaufkommens von Spam-Nachrichten, hauptsächlich wegen der vermehrten Nutzung von Sozialen Netzwerken[22], ist diese Thematik immer noch ein wichtiger Punkt in Sachen Sicherheit. Spam verursacht jährlich enorme wirtschaftliche Schäden. Eine im Journal of Economic Perspectives veröffentliche Studie von den ehemaligen Yahoo! Mitarbeitern Justin Rao und David Reiley verdeutlicht das wahre Schadensausmaß, das Spam anrichtet.[23]

Computernutzer und Administratoren investieren jährlich mehr als 500 Millionen Stunden um Spam zu erkennen und zu löschen. Neben dem enormen Zeitaufwand kommen noch Personalkosten und Investitionen in neue Anti-Spam Technologien hinzu. Rao und Reiley schätzen den Gesamtschaden, den Spam jährlich verursacht, auf 14 bis 18 Milliarden US-Dollar.[24]

## 2.5 Entstehungsgeschichte

Das SMTP (Simple Mail Transfer Protocol) wurde in den frühen 1980-er Jahren für das ARPANET entwickelt. Die Vertrauensstufe innerhalb des ARPANETs war wegen der nur wenigen und meist bekannten Hosts sehr hoch. Auf Grund diesen Umstandes verlangt das SMTP standardmäßig auch bis heute keine Authentifizierung der Nachricht durch den Sender. SMTP-Server dienten früher lediglich zur unkontrollierten Weiterleitung der elektronischen Nachrichten. Es dauerte nicht lange, bis sich Spammer diese Eigenschaft zunutze machten.

Die erste dokumentierte Spam-Nachricht sendete Gary Thuerk im Jahre 1978 an

---

[20] vgl. Cerf, 2005, S.39
[21] vgl. Sassenberg und Lammer, 2008
[22] vgl. Intelligence, 2012
[23] vgl. Rao und Reiley, 2012, S.87-90
[24] vgl. Rao und Reiley, 2012, S.89

insgesamt 393 Empfänger innerhalb des ARPANET.[25] Zusammen mit seinem Assistenten Carl Gartley schrieben sie eine Massen-E-Mail mit Werbung für einen neuen Computer als Inhalt. Die Reaktionen der Netz-Gemeinschaft waren durchwegs negativ. Ein paar verkaufte Computer bestätigten anschließend den Erfolg der neuen Werbemethode. Im laufe der Geschichte von Spam wurden ihre Schöpfer immer erfinderischer und gewinnorientierter.

### 2.5.1 Card Lottery

Die wohl bekannteste Spam-Attacke in der Geschichte war die Green Card Lottery im Jahre 1994.[26] Laurence Canter und Martha Siegel aus Scottsdale im US-Staat Arizona gelang es Werbenachrichten an alle USENET Newsgroups zu senden. Das Ehepaar engagierte einen Hacker, der eine Software entwickelte, mit der man E-Mailadressen von Servern auslesen und an diese entsprechende Spamnachrichten versenden konnte. Die erste automatische Massenversand Software war geboren. Natürlich löste diese Spamflut große Verärgerung innerhalb der USENET Gemeinschaft aus und man versuchte mit Gegenattacken Canters Rechner lahmzulegen.

### 2.5.2 Die erste Spamware

Im Jahre 1995 kam die erste kommerziell vertriebene Software zur automatischen Spamversendung (Spamware) mit dem eindringlichen Namen Floodgate auf den Markt.[27] Die Ankündigung erfolgte mittels angepasster Spam-Nachricht. Für 100 US-Dollar konnte man selber Spamnachrichten erstellen und versenden. Wenn man bedenkt, dass damals ein professioneller Spammer das vier bis fünffache für nur eine Nachricht verlangte, so war das ein großartiges Angebot. Flootgate war in der Lage E-Mailadressen aus einer Vielzahl von Quellen zu sammeln. Darunter die bereits erwähnten Newsgroups und das gesamte AOL-User Verzeichnis. Somit stand den Spammer ein unglaublich mächtiges Werkzeug mit enormer Reichweite

---

[25] vgl. Templeton, 2013
[26] vgl. Zdziarski, 2005, S.10-13
[27] vgl. Zdziarski, 2005, S.16

zur Verfügung. Das war der Startzeitpunkt eines bis heute andauernden Wettrüstens zwischen Spammern und E-Mail Service Providern.

# 3 Anti-Spam Techniken

## 3.1 Absendervalidierung

Ein früher Versuch die Design-Lücken von SMTP zu füllen, war die Einführung der verpflichtenden Absendervalidierung mittels eines Passwortes mit RFC2487.[1] So war es ab sofort nur noch möglich E-Mails zu senden, nachdem man sich mit seinem Passwort beim Server authentifizierte. Um den Missbrauch von Domänen zu unterbinden - manche Spammer verwenden Domänen von wohlbekannten Unternehmen in ihrer Absenderadresse um vertrauenswürdig zu wirken - setzt man auf Domänen Validierungs Routinen. Diese überprüfen die im DNS (Domain Name System) aufgelisteten IP-Adressen mit der Ursprungsadresse der zu versendenden E-Mail. Stimmen diese nicht überein, so akzeptiert der SMTP Server diese Nachricht erst gar nicht. Die Übertragung wird also schon während des SMTP-Dialogs (2.3) zwischen Sender und Server unterbunden. Dieses Verfahren bezeichnet man als reputationsbasierend (eng.: reputation-based), welches den Großteil aller Spam-Mails abwehrt.

## 3.2 Filtern mit Listen

Eine einfache Methode um Spam-Nachrichten zu filtern ist das Verwenden und Pflegen von Listen, in den Kriterien zum Klassifizieren von Spam zu finden sind. E-Mail-Server können mithilfe dieser Listen Spam von normalen E-Mails unterscheiden. Viele Internet Service Provider stellen solche Listen zur Verfügung. Auch einige Non-Profit-Organisationen führen verschiedene Arten von solchen Listen:

---

[1] vgl. Hoffman, 1999

### 3.2.1 Blacklisting

Die sogenannten Blacklists, auch Robinsonliste, enthalten Adressen von Servern, die im Bereich der Internetkommunikation negativ aufgefallen sind. Sie werden von verschiedenen Gruppen bzw. Organisation frei zugänglich für jedermann angefertigt und können als Prüfmuster für den eigenen E-Mail-Server verwendet werden. Auf der Blacklist befinden sich Kombinationen von IP-Adressen, E-Mail-Adressen und Domains von bekannten Spammern, bzw. Versendern von unerwünschten Nachrichten. Weitere List-Keeping-Methoden zur Bekämpfung von Spam sind:

### 3.2.2 Whitelisting

Whitelisting ist das Antonym zu Blacklisting. Spamfilter haben meist eine Blacklist und eine Whitelist. Nachrichten die mit E-Mail-Adressen, Domains und IP-Adressen adressiert sind, die sich auf der Whitelist wiederfinden, werden immer akzeptiert.[2]

### 3.2.3 Greylisting oder Challange-Response-Verfahren

Beim sogenannten Greylisting wird ein SMTP-Server so konfiguriert, dass die erste E-Mail von unbekannten Absendern zunächst abgewiesen und erst nach einem weiteren Zustellversuch angenommen wird. Der Absender wird bei dieser Methode informiert, dass seine E-Mail aussortiert wurde.[3] Dem SMTP-Server müssen folgende Informationen bekannt sein, damit er eine E-Mail entgegennimmt und weiterleitet:

- IP-Adresse des absendenden Mailservers
- E-Mail-Adresse des Absenders
- E-Mail-Adresse des Empfängers

---

[2] vgl. Park et al., 2009
[3] vgl. Sochor, 2009

Ist die Kombination von Adressen der betroffenen E-Mail unbekannt, wird sie vom Server abgeblockt. Der Sender bekommt eine Meldung, dass die Nachricht später noch einmal gesendet werden muss, da ein temporärer Fehler aufgetreten ist. Kommt gleiche Nachricht mit derselben Adressenkombination noch einmal beim Server an, so wird sie akzeptiert. Infizierte Rechner, die zu einem s.g. Botnet zusammengeschlossen sind, lassen sich dadurch leicht abblocken. Botnets sind in der Regel nicht in der Lage Spamnachrichten mehrmals in derselben Adresskombination zu senden.[4]

### 3.2.4 Dynamische Adressen

Es gibt verschiedene Techniken und Methoden um solche Blacklists anzufertigen. Manche Blacklists nehmen nur dynamisch vergebene IP-Adressen (Internet Protocol Adressen) auf, da vertrauenswürdige E-Mail Server in der Regel statische IP-Adressen besitzen um E-Mails empfangen zu können. E-Mails von dynamischen Adressen stammen meist von verseuchten Heimrechnern, sogenannte Zombies[5], welche zum Spammen missbraucht werden.

### 3.2.5 Open Relay

Auch das Aufnehmen von Server-IP-Adressen, die als offene Relais (eng.: open relays) zu klassifizieren sind, macht Sinn.[6] Offene Relais sind Server mit standardmäßiger, uneingeschränkter SMTP-Funktion, die jede empfangene E-Mail unkontrolliert weiterleiten.

### 3.2.6 Gemeldete Absender

Die effektivste Blacklist lässt sich wohl erstellen, indem man auf Meldungen von Benutzern von E-Mail-Diensten reagiert. Werden E-Mails von einem bestimmten

---
[4] vgl. Sroufe et al., 2009
[5] vgl. Duan et al., 2012
[6] vgl. Ke et al., 2012

Absender von mehreren Benutzern als Spam deklariert, so kann dieser auf die Blacklist aufgenommen werden. Dies birgt jedoch einen Nachteil in sich. So können auch Versender von legitimierten Newslettern auf eine solche Blacklist geraten, von der man nur schwer wieder herunterkommt.

## 3.3 Filtern mit Algorithmen

Sobald die Adressen einer Spam-E-Mail für den Server glaubwürdig erscheinen, versagen die Listen-Filtermethoden. Alternativ zu den Listen basierenden Filtern existieren so genannte autodidaktische Spam-Filter. Bei dieser Methode kommen verschiedene Algorithmen zum Einsatz:

### 3.3.1 Artificial Neural Network - ANN

Bei diesem Ansatz der Spamerkennung ist das Ziel einen Filter zu haben, der mithilfe einer einfachen Funktion $f$, die bestimmt, dass eine E-Mail $m$ entweder Spam ($S$) oder eine legitime E-Mail ($L$) ist.[7] Es bezeichnet die Menge $\mathbb{M}$ alle möglichen E-Mails. Die gesuchte Funktion sei demnach

$$f: \mathbb{M} \to \{S, L\} \qquad (3.1)$$

. Um mithilfe dieser Funktion nun Spam zu erkennen, wird noch ein Satz von im Vorhinein als Spam klassifizierten Mails benötigt: $\{(m_1, c_1), (m_2, c_2), \ldots, (m_n, c_n)\}, m_i \in \mathbb{M}, c_i \in \{S, L\}$

Die Benutzer müssen einige E-Mails manuell als Spam oder Nicht-Spam kennzeichnen. Mithilfe von statischen Methoden werden alle Begriffe, die für die Zuordnung zur jeweiligen Klasse relevant sind, in den Texten identifiziert. Wörter wie Gratis, Günstig, Gewinner kommen häufig in Spams vor, während Geschäftsreise, Mitarbeitergespräch, Vertragsänderungen mehr auf erwünschte Mails hindeuten. Nachher erkennt das System beinahe selbstständig Spam-Nachrichten. Bei einer Trefferquote

---

[7] vgl. Tretyakov, 2004

von über 90% ist diese Methode äußerst präzise im erkennen von Mustern, die Spam-Nachrichten aufweisen.[8]

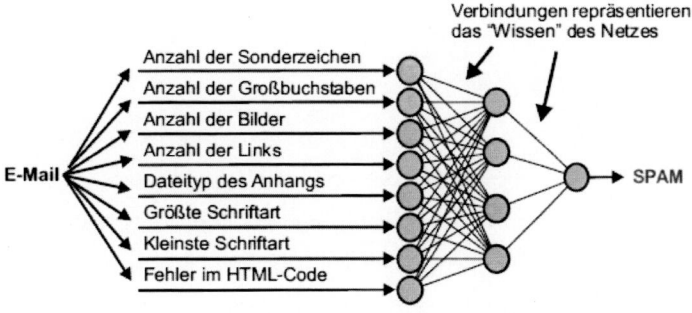

***Abbildung 3.1:*** *Schematischer Aufbau eines ANN. (eigene Abb.)*

Wie in Abbildung 3.1 zu sehen ist, führen wiederkehrende Muster und Kombinationen zur Erkennung von Spam. Dabei können Wörter, Bilder oder bestimmte Datentypen im Anhang als Kriterien (Wissen des ANN) fungieren.

### 3.3.2 Naiver Bayes Algorithmus

Der Naive Bayes Algorithmus ist der einfachste und am weitesten verbreitete Algorithmus die dem Bayestheorem unterliegen.[9] So wie er in E-Mail-Programmen zum Einsatz kommt, unterscheidet der Naive Bayes Algorithmus E-Mails in zwei Kategorien $c = \{Spam, \overline{Spam}\}$ (Spam und Nicht-Spam). Wenn man annimmt, dass eine E-Mail aus einzelnen Worten $W_i$ besteht, kann man aus bereits erhaltenen und klassifizierten E-Mails für jedes Wort $W_i$ eine Wahrscheinlichkeit berechnen, ob es in einer Spam oder Nicht-Spam-E-Mail vorkommen kann:

$$P(W_i|Spam) = \frac{\text{Anzahl der Spam-E-Mails mit dem Wort } W_i}{\text{Anzahl der Spam-E-Mails}} \quad (3.2)$$

$$P(W_i|\overline{Spam}) = \frac{\text{Anzahl der Nicht-Spam-E-Mails mit dem Wort } W_i}{\text{Anzahl der Nicht-Spam-E-Mails}} \quad (3.3)$$

---

[8] vgl. du Toit und Kruger, 2012, S.7
[9] vgl. Qin et al., 2010

Aus dem Bayes Theorem abgeleitet, lässt sich ein Gesamtquotient $Q$ zur Klassifizierung von E-Mails berechnen:

$$Q = \frac{P(Spam|W)}{P(\overline{Spam}|W)} = \frac{P(W_1|Spam) \cdots P(W_n|Spam)P(Spam)}{P(W_1|\overline{Spam}) \cdots P(W_n|\overline{Spam})P(\overline{Spam})} \qquad (3.4)$$

In der Praxis werden vermeintliche Spams sofort in einen Junk-Ordner der Mailbox verschoben, sobald dieser beispielsweise $Q > 10$ ist, da die Wahrscheinlichkeit wesentlich größer ist eine Spam zu sein als nicht. Dieser Filter ist lernfähig, da sich mit der Kennzeichnung von Spam-Nachrichten die Wahrscheinlichkeiten ändern und somit verbessert sich die Erkennungsrate von Spam.

Obwohl das Bayese Theorem besagt, dass die Wörter $W_i$ voneinander unabhängig sein müssen, ist das hier nicht der Fall. Wörter wie *Gewinner* oder *Geld* werden in Spam-E-Mails stets in einem Zusammenhang auftreten. Trotz dieser Regelverletzung funktionieren diese Filter in der Praxis sehr zuverlässig.[10][11] Der Grund dafür ist, dass man die exakten Größen der Wahrscheinlichkeiten $P(Spam|W)$ und $P(\overline{Spam}|W)$ nicht wissen muss - es reicht zu wissen welche der beiden Wahrscheinlichkeiten die Größere ist. In Abbildung 3.2 ist zu sehen, welche Status eine E-Mail bis zur Klassifizierung durchlebt.

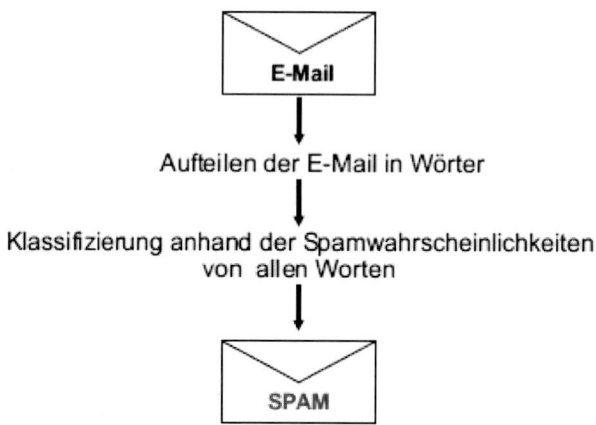

***Abbildung 3.2:*** *Schematischer Ablauf in einem Bayes-Filter. (eigene Abb.)*

---

[10] vgl. Domingos und Pazzani, 1997
[11] vgl. Friedman et al., 1997

## 3.3.3 Lazy Algorithmen

Lazy Algorithmen sind auf das schnelle Lernen ausgelegt. Das Antrainieren von Mustern gerät in den Hintergrund.[12] Ein Vertreter der Lazy Algorithmen ist der Kstar (K*) Algorithmus. Er wird auch als Nächste-Nachbarn-Klassifikation bezeichnet.[13] Es handelt sich hier um ein Klassifikationsverfahren, bei dem eine Klassenzuordnung unter Berücksichtigung der nächstgelegenen Nachbarn vorgenommen wird. Die Klassifikation einer vermeintlichen Spam-E-Mail geschieht im einfachsten Fall durch Mehrheitsentscheidung. Wie bei anderen Algorithmen kommen auch hier Merkmalvektoren zum Einsatz. Mit Trainingsdaten, wie z.B. bereits klassifizierte Spam- und Nicht-Spam-Nachrichten, kann gelernt werden, indem diese Trainingsdaten einfach abgespeichert werden.

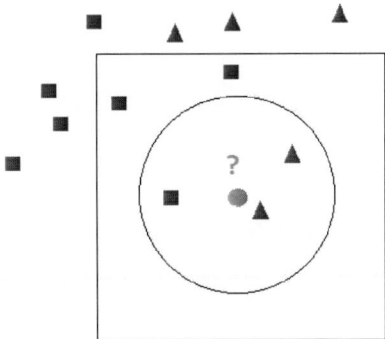

*Abbildung 3.3: Beispiel Kstar Algorithmus. (eigene Abb.)*

In Abbildung 3.3 ist zu erkennen, wie die Nächste-Nachbarn-Klassifikation funktioniert. Die Trainingsdatei (grüner Kreis) muss nun entweder der ersten Klasse (blaue Quadrate) oder der zweiten Klasse (rote Rechtecke) zugeordnet werden. In diesem Fall würde sie der zweiten Klasse (rote Rechtecke) zugeteilt werden, da mehr rote Dreiecke in der unmittelbaren Umgebung (kreisrunde Begrenzung) sind. Würde man die Klassifizierungsregel lockern (quadratische Begrenzung), so würde der Algorithmus die Trainingsdatei der ersten Klasse (blaue Quadrate) zuordnen.

---

[12] vgl. Hsiao und Chang, 2008
[13] vgl. Cleary und Trigg, 1995

# 4 Evaluierung

Um die verschiedenen Spam-Filtermethoden miteinander zu vergleichen und deren Effektivität gegenüberzustellen bedarf es einiger objektiver Evaluierungskriterien. Die in dieser Arbeit genannten Methoden bzw. Möglichkeiten Spam von Ham zu unterscheiden und zu filtern sind längst nicht alle - Sie sind jedoch die gängigsten, die derzeit in Spam-Filter-Software zum Einsatz kommen.[1] Um aussagekräftige Tests zu bewerkstelligen, werden E-Mails benötigt, mit denen Spamfilter auf ihre Funktion und Effizienz getestet werden können. Eine Sammlung von Test-E-Mails nennt man Test Corpora.

## 4.1 Test Corpora

Test Corpora werden mittlerweile von mehreren Anbietern zur Verfügung gestellt. Grundsätzlich finden sich zahlreiche Corpora im Internet. Teilweise sogar von nicht kommerziellen Organisationen bereitgestellt, aber auch von kommerziell ausgerichteten Organisationen und auch privat gepflegte Corpora. Die Hauptproblematik, die sich bei Bereitstellung solcher Daten ergibt, ist, dass Ham-E-Mails privat sind und somit den Datenschutzrichtlinien unterliegen. In Österreich ist das im Datenschutzgesetz 2000 und aktuell in der DSG-Novelle 2010 verankert.[2] Damit ist klar, dass jede Form von Ham-Corpus maximal eine Approximation der Realität sein kann. An geeignete Spam-Corpora zu gelangen ist unproblematisch, da sie in großer Zahl zur Verfügung stehen. Generell sollte darauf geachtet werden, aus welchem Zeitraum die Corpora stammen, da sich das Erscheinungsbild und der Inhalt von Spam und

---

[1] vgl. Cormack, 2008
[2] BGBl. I Nr. 165/1999: 165. Bundesgesetz: Datenschutzgesetz 2000 – DSG 2000 zuletzt geändert durch BGBl. I Nr. 51/2012

Ham im Laufe der Zeit ändern. Auch die Sprache der E-Mails ist ausschlaggebend für ein unverzerrtes Ergebnis. Wenn man nur deutsche Spam-Mails und ausschließlich englische Ham-Mails verwendet, so kann es sein, dass ein deutsches Wort in einer empfangenen E-Mail vom Spamfilter sofort als Spam-Mail identifiziert wird. Ein geeigneter Test Corpus ist also eine Sammlung von E-Mail-Nachrichten, die sowohl inhaltlich als auch zahlenmäßig die Gesamtheit des zum aktuellen Zeitpunkt existierenden E-Mail-Verkehrs abbildet. Um eine bessere Vergleichsmöglichkeit zu erreichen, teilt man die Nachrichten in eine Trainingsmenge und in eine Validierungsmenge. Die Aufteilung der Corpora im Verhältnis von 70% Trainingsmenge zu 30% Validierungsmenge hat sich im Bereich des Data-Minings bewährt.[3]

## 4.2 TREC

Die Text REtrieval Conference (TREC), ist eine Reihe von wissenschaftlichen Konferenzen zu unterschiedlichen Problemstellungen, die sogenannten Tracks. Seit 1992 findet diese Konferenz in den USA statt und wird zusammen mit dem Verteidigungsministerium und dem National Institute of Standards and Technology (NIST) veranstaltet.[4] Natürlich wird auch dem Thema Spam seit dem Jahre 2005 ein eigener Track gewidmet. Die dadurch erlangten Kenntnisse sind ausschlaggebend für die Weiterentwicklung von Spamfiltern.[5] Ein erwähnenswertes Testergebnis, dass im Zuge der TREC-Konferenzen hervorging, wird im folgenden Teil der Arbeit erläutert.

## 4.3 Evaluierung von Cormack und Lynam

Aus der TREC 2005 ging eine Studie von den beiden Professoren Gordon V. Cormack und Thomas R. Lynam der Universität Waterloo hervor.[6] In ihrer *Online Supervised Spam Filter Evaluation* legten die beiden Professoren besonderes Augenmerk auf

---

[3] vgl. Cormack, 2008
[4] vgl. NIST, 2013
[5] vgl. Cormack und Lynam, 2007b
[6] vgl. Cormack und Lynam, 2007a

sechs open-source (freie Lizenz) Filter. Die Filter wurden in Anti-Spam Softwarelösungen integriert und getestet. Als Corpora wurde ein öffentlicher Test Corpus mit insgesamt 5109 Ham-Nachrichten und 1623 Spam-Nachrichten verwendet.
Die zum Einsatz gekommenen Anti-Spam-Lösungen sind wie folgt:

### 4.3.1 Getestete Methoden

- SpamAssassin[7], ein Hybridsystem, das sowohl Listen als auch autodidaktische Algorithmen unterstützt
- SA-Bayes[8], SpamAssassin nur mit Bayes Algorithmus
- Bogofilter[9], gestützt auf statische Algorithmen
- CRM114[10], gestützt auf u.a. Lazy Algorithmen und weiteren autodidaktischen Algorithmen
- DSPAM[11], gestützt auf eine Datenbank mit Klassifikationsmerkmalen und statischem Bayes-Algorithmus
- SpamBayes[12], gestützt auf Bayes Algorithmus mit drei anstatt zwei Klassifikatoren (spam, ham und unsure). Der Nutzer muss dann schlussendlich entscheiden, ob Spam oder Ham vorliegt.
- SpamProbe[13], gestützt auf Bayes Algorithmus

Aus der Evaluierung dieser Studie kam folgendes Ergebnis in Tabelle 4.1 zum Vorschein. Hier sind die falsch klassifizierten (Misclassification) Spam, Ham und gesamten Nachrichten aufgelistet. In den Klammern stehen die Grenzwerte, die während der Testdurchläufe erreicht wurden.

In der Grenzwertoptimierungskurve (ROC-Kurve) in Abbildung 4.1 werden die Ergebnisse zusätzlich grafisch dargestellt.

---

[7] vgl. Schwartz, 2004
[8] vgl. Schwartz, 2004
[9] vgl. Qin et al., 2010
[10] vgl. Cormack, 2008
[11] vgl. Zdziarski, 2005
[12] vgl. Graham, 2003
[13] vgl. Cormack, 2008

| Filter | Ham Misc. (%) | Spam Misc. (%) | Misc. gesamt (%) |
|---|---|---|---|
| Bogofilter | 0,08 (0,03-0,16) | 6,63 (6,39-6,88) | 5,43 (5,23-5,63) |
| SpamBayes | 0,17 (0,09-0,27) | 5,86 (5,63-6,10) | 4,81 (4,63-5,01) |
| SA-Bayes | 0,17 (0,09-0,27) | 2,10 (1,96-2,24) | 1,74 (1,63-1,86) |
| SpamProbe | 0,34 (0,23-0,49) | 1,03 (0,93-1,14) | 0,90 (0,82-0,99) |
| DSPAM | 1,28 (1,06-1,54) | 1,98 (1,84-2,12) | 1,85 (1,73-1,97) |
| CRM114 | 3,26 (2,91-3,65) | 0,99 (0,90-1,09) | 1,41 (1,31-1,52) |

*Tabelle 4.1: Ergebnisse der getesteten Spam-Filter*

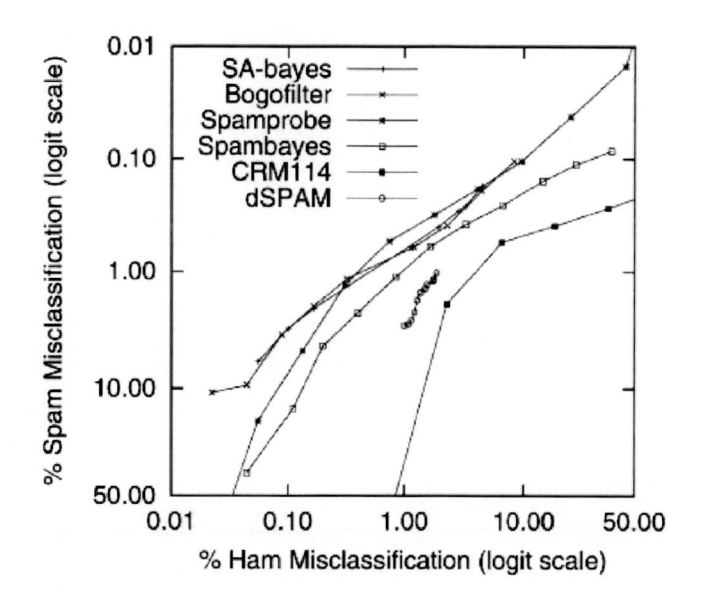

*Abbildung 4.1: ROC-Kurve der Ergebnisse (Quelle: Online Supervised Spam Filter Evaluation, Cormack)*

## 4.3.2 Fazit der Studie

Die Evaluierung ergab, dass autodidaktische Filter am zuverlässigsten arbeiten. So konnte der beste Filter die eingehenden Spam-Nachrichten von anfangs 150 auf 2 Nachrichten pro Tag minimieren.[14] Die Studie zeigt auch, dass z.B. SpamAssassin allein nur mit der autodidaktischen Konfiguration bessere Ergebnisse lieferte als nur mit einer Listing-Konfiguration (Blacklist und Whitelist).

Cormack ergänzt sein Fazit um die Erkenntnis, dass Spam zu filtern, eine Aufgabe

---

[14] vgl. Cormack und Lynam, 2007a, S.27-28

sei, die auf Gegensätze beruht: Der Grad den Spam in der Lage ist sich anzupassen, steht den Fortschritten bei der Filterung von Spam gegenüber.[15] Die Zusammensetzung von Spam-Nachrichten wird sich immer nach den Limitierungen der Filtertechnologien richten und vice versa. Um noch genauere Ergebnisse zu bekommen ist eine noch längere und umfangreichere Untersuchung von Nöten.
Im Zuge der Recherche wurde keine vergleichbare Studie zum Thema *Spamfilter Evaluierung* gefunden. Cormack und Lynam verweisen selbst auf den Bedarf einer noch umfangreicheren und längerfristigen Studie.

### 4.3.3 Kritik

Da diese Studie schon einige Zeit zurückliegt, ist fraglich, inwiefern sich die Weiterentwicklung von Spam in einer neuen Studie auswirken würde. Spammer haben in den letzten Jahren selbstverständlich auch neue Methoden entwickelt, sodass Spam immer noch beim Empfänger ankommt. Eine beliebte neue Methode Spam durch Filter zu schleusen ist das Versenden von Spam in Bildform.[16] Der gesamte Inhalt wird in einer Bilddatei wiedergegeben und in eine E-Mail eingebunden. Ist der Spamfilter nicht in der Lage Bildinformationen zu erkennen und zu untersuchen, so wird diese neuere Form von Spam ungefiltert den Empfänger erreichen.
In dieser Bachelorarbeit wird auf die Möglichkeiten von Filterung von sogenanntem *Image-Spam* nicht weiter eingegangen. Es müsste im Zuge einer separaten Arbeit auf diese Thematik genauer eingegangen werden, da das Eingehen auf Bilderkennungsalgorithmen den Rahmen dieser Bachelorarbeit gesprengt hätte.

---

[15] vgl. Cormack und Lynam, 2007a, S.29
[16] vgl. Biggio et al., 2011

# 5 Zusammenfassung

Ziel dieser Bachelorarbeit war, Grundkenntnisse zum Versenden von E-Mails im Internet zu erlangen und mit welchen Protokollen das Versenden von Nachrichten ermöglicht wird.
Nach der Einführung und der Klärung des Begriffsuhrsprung des Wortes *Spam* wurden die Auswirkungen von Spam auf die Wirtschaft kurz dargestellt. Nach Erläuterung der Entstehungsgeschichte von Spam, wurden die am häufigsten vorkommenden Anti-Spam-Mechanismen vorgestellt.
Im Kapitel *Evaluierung* wurde abgezeichnet, wie Spamfilter auf ihre Güte geprüft werden können und welche Aussagen die Studie von Cormack und Lynam wiedergab.

## 5.1 Schlussfolgerung

Im Zuge der umfangreichen Recherche und Auseinandersetzung der Ergebnisse nennenswerter Studien ist im Allgemeinen zu sagen, dass effektive Spamfilter immer eine Kombination aus den erläuterten Methoden verwenden.
Eine effiziente Kombination aus Filtermethoden kann zum Beispiel die Verwendung einer Blacklist, Challenge-Response-Verfahren (Greylist) und einem lernfähigen Algorithmus, wie es z.B. der Naive Bayes Algorithmus ist. In der Blacklist, bzw. Greylist, können Adressen von Spammern eingepflegt werden. Der Bayes Algorithmus kann die neu hinzugekommen Spammer versuchen abzublocken, indem die empfangenen Nachrichten auf ihren Inhalt kontrolliert werden. Durch diesen Ansatz ist gewährleistet, dass die eigene Infrastruktur vor Spam sehr gut geschützt ist. Spammer müssen hier erst drei Hürden überwinden.

Voraussetzung für höchst mögliche Funktionalität und Schutz vor Spam ist natürlich die kontinuierliche Anpassung des eigenen Spamfilters. Aktualisierungen bzw. Ergänzungen der statischen Filter (Listen), so wie die Überprüfung der lernfähigen Filter sind Voraussetzung für eine gute Spam-Abwehr. Ein Vorteil ist es, wenn man über die aktuellen Trends der Spammer informiert ist. Die meisten Hersteller von Spamfilter-Systemen pflegen daher inzwischen große Netze, aus denen sich die aktuellen Trends der Spamversendung abzeichnen und dadurch schnell erkennen lassen. Administratoren sind so in der Lage in kürzester Zeit zu handeln.

## 5.2 Exkurs

Die primäre Schwachstelle in jeder Methode bzw. jedem Versuch Spam zu filtern ist jedoch, dass immer vom Ist-Zustand, wie Spam aufgebaut ist, ausgegangen wird. Spammer passen ihre Nachrichten stets hingehend des Vokabulars und des Aufbaues den Filtertechniken an. Es bleibt also die Tatsache bestehen, dass man mit den bisherigen, reaktiv reagierenden Filtermethoden immer einen Schritt hinterherhinkt. Eine Präventiv-Methode gibt es bis dato nicht. Eine Lösung für dieses Dilemma wäre eine Bekämpfungsmethode, die weit vor der technischen Ebene agieren würde. Die Rede ist von verschärften Gesetzen und härteren Strafen für Spammer. Eine international einheitlich geregelte Ahndung von Verstößen bzw. eine Gesetzesgrundlage wäre dafür allerdings Grundvoraussetzung.
Eine mögliche technische Prävention von Spam wäre der Einsatz von groß angelegten Honeypots, um die Verbreitung von Spam-Nachrichten über Bot-Netzen zu Unterbinden.[1]

---

[1] vgl. Lee et al., 2010

# Quellenverzeichnis

**wik 2013**
*Header E-Mail.* `http://de.wikipedia.org/wiki/Header_(E-Mail)`.
Version: Januar 2013 (zitiert auf Seite 4).

**Biggio et al. 2011**
BIGGIO, Battista ; FUMERA, Giorgio ; PILLAI, Ignazio ; ROLI, Fabio: A survey and experimental evaluation of image spam filtering techniques. In: *Pattern Recogn. Lett.* 32 (2011), Juli, Nr. 10, 1436–1446. `http://dx.doi.org/10.1016/j.patrec.2011.03.022`. – DOI 10.1016/j.patrec.2011.03.022. – ISSN 0167–8655 (zitiert auf Seite 26).

**Braden 1989**
BRADEN, R.: *Requirements for Internet Hosts - Communication Layers.* RFC 1122 (Standard). `http://www.ietf.org/rfc/rfc1122.txt`. Version: Oktober 1989 (Request for Comments). – Updated by RFCs 1349, 4379, 5884, 6093, 6298, 6633 (zitiert auf den Seiten 7 und 9).

**Cerf 2005**
CERF, Vinton G.: Spam, spim, and spit. In: *Commun. ACM* 48 (2005), April, Nr. 4, 39–43. `http://dx.doi.org/10.1145/1053291.1053314`. – DOI 10.1145/1053291.1053314. – ISSN 0001–0782 (zitiert auf Seite 12).

**Cleary und Trigg 1995**
CLEARY, John G. ; TRIGG, Leonard E.: K*: An Instance-based Learner Using an Entropic Distance Measure. In: *In Proceedings of the 12th International Conference on Machine Learning*, Morgan Kaufmann, 1995, S. 108–114 (zitiert auf Seite 21).

**Cormack 2008**
CORMACK, Gordon V.: Email Spam Filtering: A Systematic Review. In: *Found. Trends Inf. Retr.* 1 (2008), April, Nr. 4, 335–455. `http://dx.doi.org/10.1561/1500000006`. – DOI 10.1561/1500000006. – ISSN 1554–0669 (zitiert auf den Seiten 22, 23 und 24).

**Cormack und Lynam 2007a**
CORMACK, Gordon V. ; LYNAM, Thomas R.: Online supervised spam filter evaluation. In: *ACM Trans. Inf. Syst.* 25 (2007), Juli, Nr. 3. `http://dx.doi.org/10`.

1145/1247715.1247717. – DOI 10.1145/1247715.1247717. – ISSN 1046–8188 (zitiert auf den Seiten 23, 25 und 26).

**Cormack und Lynam 2007b**
CORMACK, Gordon V. ; LYNAM, Tom: *SPAM Track.* http://plg.uwaterloo.ca/~gvcormac/spam/. Version: Januar 2007 (zitiert auf Seite 23).

**Crispin 2003**
CRISPIN, M.: *INTERNET MESSAGE ACCESS PROTOCOL - VERSION 4rev1.* RFC 3501 (Proposed Standard). http://www.ietf.org/rfc/rfc3501.txt. Version: März 2003 (Request for Comments). – Updated by RFCs 4466, 4469, 4551, 5032, 5182, 5738, 6186 (zitiert auf Seite 10).

**Domingos und Pazzani 1997**
DOMINGOS, Pedro ; PAZZANI, Michael: On the Optimality of the Simple Bayesian Classifier under Zero-One Loss. In: *Mach. Learn.* 29 (1997), November, Nr. 2-3, 103–130. http://dx.doi.org/10.1023/A:1007413511361. – DOI 10.1023/A:1007413511361. – ISSN 0885–6125 (zitiert auf Seite 20).

**Duan et al. 2012**
DUAN, Zhenhai ; CHEN, Peng ; SANCHEZ, F. ; DONG, Yingfei ; STEPHENSON, M. ; BARKER, J.M.: Detecting Spam Zombies by Monitoring Outgoing Messages. In: *Dependable and Secure Computing, IEEE Transactions on* 9 (2012), march-april, Nr. 2, S. 198 –210. http://dx.doi.org/10.1109/TDSC.2011.49. – DOI 10.1109/TDSC.2011.49. – ISSN 1545–5971 (zitiert auf Seite 17).

**Friedman et al. 1997**
FRIEDMAN, Nir ; GEIGER, Dan ; GOLDSZMIDT, Moises: Bayesian Network Classifiers. In: *Mach. Learn.* 29 (1997), November, Nr. 2-3, 131–163. http://dx.doi.org/10.1023/A:1007465528199. – DOI 10.1023/A:1007465528199. – ISSN 0885–6125 (zitiert auf Seite 20).

**Graham 2003**
GRAHAM, Paul: *A plan for spam.* Available on: http://paulgraham.com/spam.html, August 2003 (zitiert auf Seite 24).

**Hall 2005**
HALL, E.: *The application/mbox Media Type.* RFC 4155 (Informational). http://www.ietf.org/rfc/rfc4155.txt. Version: September 2005 (Request for Comments) (zitiert auf Seite 5).

**Hoffman 1999**
HOFFMAN, P.: *SMTP Service Extension for Secure SMTP over TLS.* RFC 2487 (Proposed Standard). http://www.ietf.org/rfc/rfc2487.txt. Version: Januar 1999 (Request for Comments). – Obsoleted by RFC 3207 (zitiert auf Seite 15).

## Hormel Foods Corporation
HORMEL FOODS CORPORATION: *Hormel Foods Corporation.* http://www.spam.com/about, Abruf: 20.01.2013 (zitiert auf Seite 11).

## Hsiao und Chang 2008
HSIAO, Wen-Feng ; CHANG, Te-Min: An incremental cluster-based approach to spam filtering. In: *Expert Syst. Appl.* 34 (2008), April, Nr. 3, 1599–1608. http://dx.doi.org/10.1016/j.eswa.2007.01.018. – DOI 10.1016/j.eswa.2007.01.018. – ISSN 0957–4174 (zitiert auf Seite 21).

## Intelligence 2012
INTELLIGENCE, Symantec: Symantec Intelligence Report: December 2012. In: *Symantec Intelligence* (2012), 1-10. http://www.symantec.com/content/en/us/enterprise/other_resources/b-intelligence_report_12_2012.en-us.pdf (zitiert auf Seite 12).

## Ke et al. 2012
KE, Lixin ; ZHOU, Liang ; GONG, Jianmin ; HUA, Jian: The Research and Design of an Anti-open Junk Mail Relay System. In: *Computer Science Service System (CSSS), 2012 International Conference on*, 2012, S. 1258 –1262 (zitiert auf Seite 17).

## Klensin 2008
KLENSIN, J.: *Simple Mail Transfer Protocol.* RFC 5321 (Draft Standard). http://www.ietf.org/rfc/rfc5321.txt. Version: Oktober 2008 (Request for Comments) (zitiert auf Seite 5).

## Lee et al. 2010
LEE, Kyumin ; CAVERLEE, James ; WEBB, Steve: Uncovering social spammers: social honeypots + machine learning. In: *Proceedings of the 33rd international ACM SIGIR conference on Research and development in information retrieval.* New York, NY, USA : ACM, 2010 (SIGIR '10). – ISBN 978–1–4503–0153–4, 435–442 (zitiert auf Seite 28).

## Mockapetris 1983
MOCKAPETRIS, P.V.: *Domain names: Concepts and facilities.* RFC 882. http://www.ietf.org/rfc/rfc882.txt. Version: November 1983 (Request for Comments). – Obsoleted by RFCs 1034, 1035, updated by RFC 973 (zitiert auf Seite 4).

## Monty Python
MONTY PYTHON: *SPAM.* http://pythonline.com/youtube_archive/spam, Abruf: 20.01.2013 (zitiert auf Seite 11).

## Myers und Rose 1996
MYERS, J. ; ROSE, M.: *Post Office Protocol - Version 3.* RFC 1939 (Standard).

http://www.ietf.org/rfc/rfc1939.txt. Version: Mai 1996 (Request for Comments). – Updated by RFCs 1957, 2449, 6186 (zitiert auf Seite 9).

**NIST 2013**
NIST: *Text REtrieval Conference.* http://trec.nist.gov/overview.html. Version: Januar 2013 (zitiert auf Seite 23).

**Park et al. 2009**
PARK, So Y. ; KIM, Sung H. ; KANG, Shin G.: Method of countering unsolicited IP applications using lists. In: *Advanced Communication Technology, 2009. ICACT 2009. 11th International Conference on* Bd. 02, 2009. – ISSN 1738–9445, S. 1047 –1049 (zitiert auf Seite 16).

**Postel 1982**
POSTEL, J.: *Simple Mail Transfer Protocol.* RFC 821 (Standard). http://www.ietf.org/rfc/rfc821.txt. Version: August 1982 (Request for Comments). – Obsoleted by RFC 2821 (zitiert auf Seite 6).

**Potdar et al. 2012**
POTDAR, Vidyasagar ; RIDZUAN, Farida ; SINGH, Jaipal: Spam 2.0. In: *Proceedings of the CUBE International Information Technology Conference.* New York, NY, USA : ACM, 2012 (CUBE '12). – ISBN 978–1–4503–1185–4, 724–731 (zitiert auf Seite 3).

**Pukkawanna et al. 2006**
PUKKAWANNA, Sirikarn ; VISOOTFIVISETH, Vasaka ; PONGPAIBOOL, Panita: Classification of web-based email traffic in Thailand. In: *Communications and Information Technologies, 2006. ISCIT '06. International Symposium on,* 2006, S. 440 –445 (zitiert auf Seite 10).

**Qin et al. 2010**
QIN ; LIU, Bing ; YAN, Junhua ; HE, Zhongyue: Research of a Spam Filtering Algorithm Based on Naive Bayes and AIS. In: *Computational and Information Sciences (ICCIS), 2010 International Conference on,* 2010, S. 152 –155 (zitiert auf den Seiten 19 und 24).

**Radicati 2012**
RADICATI: Email Statistics Report, 2012-2016. (2012), April. http://www.radicati.com/?p=8272, Abruf: 20.11.2012 (zitiert auf Seite 1).

**Rao und Reiley 2012**
RAO, Justin M. ; REILEY, David H.: The Economics of Spam. In: *Journal of Economic Perspectives* 26 (2012), September, Nr. 3, 87-110. http://dx.doi.org/10.1257/jep.26.3.87. – DOI 10.1257/jep.26.3.87 (zitiert auf Seite 12).

**Resnick 2001**
RESNICK, P.: *Internet Message Format.* RFC 2822 (Proposed Standard). `http://www.ietf.org/rfc/rfc2822.txt`. Version: April 2001 (Request for Comments). – Obsoleted by RFC 5322, updated by RFCs 5335, 5336 (zitiert auf Seite 4).

**Resnick 2008**
RESNICK, P.: *Internet Message Format.* RFC 5322 (Draft Standard). `http://www.ietf.org/rfc/rfc5322.txt`. Version: Oktober 2008 (Request for Comments) (zitiert auf Seite 4).

**Rivest 1992**
RIVEST, R.: *The MD5 Message-Digest Algorithm.* RFC 1321 (Informational). `http://www.ietf.org/rfc/rfc1321.txt`. Version: April 1992 (Request for Comments). – Updated by RFC 6151 (zitiert auf Seite 10).

**Sassenberg und Lammer 2008**
SASSENBERG, Thomas ; LAMMER, Katharina-Patricia: Zulässigkeit der Spam-Filterung im Unternehmen. In: *Datenschutz und Datensicherheit - DuD* 32 (2008), 461-465. `http://dx.doi.org/10.1007/s11623-008-0109-5`. – DOI 10.1007/s11623–008–0109–5. – ISSN 1614–0702 (zitiert auf Seite 12).

**Schwartz 2004**
SCHWARTZ, Alan: *SpamAssassin.* O'Reilly Media, Inc., 2004. – ISBN 0596007078 (zitiert auf Seite 24).

**Siemborski und Menon-Sen 2007**
SIEMBORSKI, R. ; MENON-SEN, A.: *The Post Office Protocol (POP3) Simple Authentication and Security Layer (SASL) Authentication Mechanism.* RFC 5034 (Proposed Standard). `http://www.ietf.org/rfc/rfc5034.txt`. Version: Juli 2007 (Request for Comments) (zitiert auf Seite 10).

**Sochor 2009**
SOCHOR, T.: Greylisting; long term analysis of anti-SPAM effect. In: *Risks and Security of Internet and Systems (CRiSIS), 2009 Fourth International Conference on*, 2009. – ISSN 2151–4763, S. 98 –104 (zitiert auf Seite 16).

**Sroufe et al. 2009**
SROUFE, P. ; PHITHAKKITNUKOON, S. ; DANTU, R. ; CANGUSSU, J.: Email Shape Analysis for Spam Botnet Detection. In: *Consumer Communications and Networking Conference, 2009. CCNC 2009. 6th IEEE*, 2009, S. 1 –2 (zitiert auf Seite 17).

**Stringhini et al. 2010**
STRINGHINI, Gianluca ; KRUEGEL, Christopher ; VIGNA, Giovanni: Detecting spammers on social networks. In: *Proceedings of the 26th Annual Computer Security*

*Applications Conference*. New York, NY, USA : ACM, 2010 (ACSAC '10). – ISBN 978–1–4503–0133–6, 1–9 (zitiert auf Seite 3).

**Templeton 2013**
TEMPLETON, Brad: *Reaction to the DEC Spam of 1978.* http://www.templetons.com/brad/spamreact.html. Version: Januar 2013 (zitiert auf Seite 13).

**du Toit und Kruger 2012**
TOIT, T. du ; KRUGER, H.: Filtering spam e-mail with Generalized Additive Neural Networks. In: *Information Security for South Africa (ISSA), 2012*, 2012, S. 1 –8 (zitiert auf Seite 19).

**Tomlinson 2013**
TOMLINSON, Ray: *The First Email.* http://www.bbn.com/about/timeline/email. Version: Januar 2013 (zitiert auf Seite 1).

**Tretyakov 2004**
TRETYAKOV, Konstantin: *Machine Learning Techniques in Spam Filtering.* 2004 (zitiert auf Seite 18).

**Zdziarski 2005**
ZDZIARSKI, Jonathan A.: *Ending Spam: Bayesian Content Filtering and the Art of Statistical Language Classification.* San Francisco, CA, USA : No Starch Press, 2005. – ISBN 1593270526 (zitiert auf den Seiten 13 und 24).